LA
REVENDICATION

PAR

E. LAFERRIÈRE

50 Centimes

PARIS

ARMAND LECHEVALIER, ÉDITEUR

61, RUE RICHELIEU

1869

LA REVENDICATION.

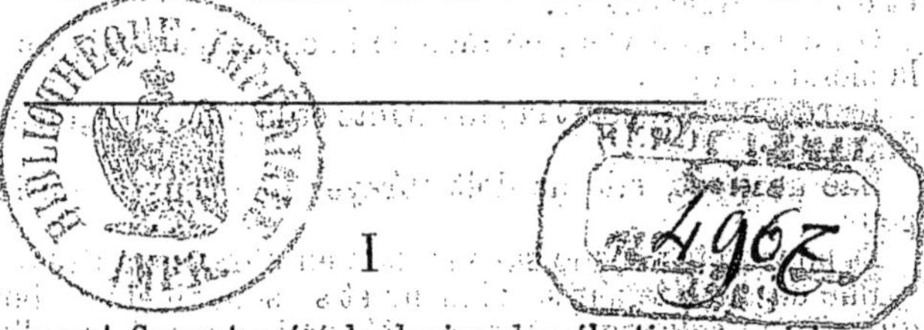

I

REVENDICATION ! Ce mot a été la devise des élections parisiennes.

Depuis un mois qu'il est répété par la foule, commenté par la presse et par les assemblées populaires, on a eu le temps de l'entendre et de le comprendre. D'où vient qu'on affecte aujourd'hui de ne pas savoir ce qu'il veut dire ?

On voit des gens qui vont et viennent tout effarés et qui vous chuchotent à l'oreille d'une voix sourde et atterrée : « Avez-vous entendu ?... Revendication !... »

D'autres, — des politiques, des habiles, — qui ont pointé d'avance sur une carte dressée dans le silence du cabinet toutes les étapes où la liberté doit passer sous peine de rester en chemin, lèvent les bras au ciel et s'écrient désolés : « Revendication !... Tout est perdu ! Ce nom-là n'est pas sur ma carte ! »

D'autres encore, le front anxieusement plissé, se promènent à pas agités dans de somptueux logis meublés aux frais de l'État, et murmurent tout bas, les dents serrées : « Revendication !... Le mort vit donc ! Nous croyions l'avoir bien enterré ! »

D'autres enfin, et c'est le plus grand nombre, joyeux, œil brillant, tête haute, éclatent en francs vivats et crient d'avance : Vive la liberté !

De tous ces groupes, deux seulement ont raison :

Ceux qui se réjouissent parce qu'ils ont vaillamment réclamé leur bien ;

Ceux qui enragent ou se désolent parce que cette réclamation les gêne.

Mais ils ont certainement tort, ceux qui se laissent aller à des « angoisses patriotiques » pour la paix et la liberté du pays.

Qu'a-t-elle donc de si effrayant, cette revendication pour les vrais amis de la liberté ?

Elle est énergique. Elle s'affirme à Paris par 230 000 voix sur 280 000 votants, majorité redoutable ! — C'est vrai !

Elle est alarmante pour les hommes d'État qui se flattaient de prolonger encore la politique suivie depuis dix-sept ans. — C'est encore vrai !

Elle nous montre le peuple de Paris se dressant comme un seul homme contre le gouvernement personnel. — Où est le mal ?

Ce qui importe au pays, c'est que la Revendication ne soit pas une clameur de désordre, une menace d'anarchie dirigée contre la société.

Mais qui oserait donner un tel sens à ce mot ?

En bon français, la revendication est la réclamation ferme, fière, — hautaine si l'on veut, — de ce qu'on a le droit de posséder.

Revendiquer, ce n'est pas usurper, c'est réclamer contre l'usurpation, c'est protester contre la privation des biens que l'on n'a pas et qu'on devrait avoir.

On dérobe, on vole, on mendie la chose d'autrui ; on revendique la sienne propre.

La revendication est la plus haute et la plus énergique affirmation du droit.

Elle ne peut, elle ne doit effrayer que ceux à qui le droit fait peur.

Et pourtant, nous le savons, elle en effraye d'autres.

Elle déconcerte par sa vigueur et sa soudaineté de bons citoyens qui aiment sincèrement la liberté, mais qui ont pris l'habitude de la demander avec plus de patience, de discrétion et de politesse.

Elle les déroute, les désoriente et leur inspire mille sentiments confus : la stupéfaction d'abord, puis, selon les tempéraments, de larmoyantes condoléances, d'amères railleries ou de brûlants anathèmes à l'adresse des Parisiens.

Ne maudissez pas ! Ne pleurez pas ! Ne raillez pas ! Étudiez plutôt avec sang-froid, sans arrière-pensée personnelle le grand fait qui vient de s'accomplir. Prenez votre temps, contemplez l'acte sous toutes ses faces, sachez bien ce qu'il signifie.

Les vrais savants qui interrogent la nature savent observer sans trouble ses plus imposants phénomènes. Ils savent, pendant les gros temps, noter la hauteur des vagues et la vitesse du vent, tandis que les passagers ont le mal de mer.

Les grandes manifestations du suffrage universel exigent aussi des observateurs de sang-froid. Partout où des masses sont en mouvement, il y a des chocs violents, du bruit, des dégâts. Si l'on perd son temps à s'ébahir sur ces détails qui tiennent à la nature même des forces mises en jeu, on n'en a plus pour observer et pour comprendre la cause du mouvement, sa direction et sa portée.

II

Les élections parisiennes de 1869 ne peuvent causer d'angoisses qu'au gouvernement personnel.

Ces angoisses-là sont légitimes, car la revendication qu'ont appuyée, à Paris, 230 000 électeurs se complique d'une protestation.

Les feuilles les moins suspectes d'hostilité envers le gouvernement ont été les premières à dire :

« Les Parisiens ont voté NON. »

Et si l'on relève dans les départements les voix qui ont vraisem-
blablement le même sens, on en compte environ douze cent vingt
mille, sur trois millions de suffrages obtenus par les diverses
nuances de l'opposition.

Donc, deux cent trente mille Parisiens, — quatorze cent cinquante mille Français ont voté NON.

Le gouvernement doit-il s'en émouvoir? — Oui.

Le pays doit-il s'en alarmer? — Non.

Le pays doit s'en réjouir, car cette protestation est surtout l'œuvre des générations nouvelles qui n'ont pas été consultées en Décembre et qui, après dix-huit ans, viennent ratifier à leur manière
ce que leurs devanciers ont consacré sans eux.

Elle est la protestation de tous ces jeunes hommes de vingt et
un à trente-sept ans, qui ont trébuché sur le seuil de la vie publique lorsque leur tour est venu de le franchir, et qui ont heurté
leur front à la voûte, parce que la voûte était trop basse et qu'ils
ne voulaient pas se courber.

Leurs pères les ont pris tout enfants et les ont emportés avec eux
dans l'enceinte fortifiée où ils s'enfermaient parce qu'ils avaient
peur. Ils ont grandi là. Devenus grands, ils ont voulu sortir; la
porte était gardée. Consigne inflexible; ceux qui voulaient l'enfrein-
dre ou même la discuter étaient punis. Ils se sont tus; ils se sont
mis à penser; ils ont étudié l'histoire de leur pays; ils se sont rensei-
gnés sur l'origine des lois qu'ils subissaient. Cette origine ne les a
pas satisfaits. Ils se sont promis de le dire à l'occasion, et ils viennent de tenir parole.

« Nous subissons, disent-ils, des lois que nous avons trouvées
toutes faites dans le pays où le hasard nous a fait naître. Ce hasard
nous les a imposées, mais notre conscience ne les ratifie pas. Der-
rière le fait accompli, le droit rayonne; c'est vers le droit que nous
voulons aller! »

Eh bien! C'est là un grand spectacle qui devrait réjouir ceux-là
mêmes qu'il a d'abord troublés. Lorsque l'idée du droit, du juste,
de l'imprescriptible est à ce point innée dans les âmes qu'elle
s'épanouit d'elle-même à l'âge de raison, grandit toute seule, ré-
siste aux déviations du fait, se roidit contre les obstacles, on peut
dire que la race est bonne et capable de grandes choses.

Victor Hugo nous parlait, dans son dernier livre, de ces nains
étranges et difformes que façonnaient autrefois les Chinois. Ils pre-
naient un enfant, l'introduisaient dans un moule de porcelaine de
forme bizarre, lui donnaient à manger et le laissaient grandir. Les
chairs s'aplatissaient, s'étendaient, se renflaient selon les saillies et
les creux du moule. Quand l'opération avait assez duré, on brisait
le vase et l'on en retirait un monstre.

Ces choses-là ne se font pas en France!

III

Telle est, selon nous, la portée philosophique et morale du grand
mouvement auquel nous venons d'assister. — Cherchons sa portée
politique.

« Elle est nulle, disent sans hésiter de très-fins politiques. Les

Parisiens ont simplement voulu faire une niche au gouvernement. Le triomphe de Bancel, de Gambetta, de Raspail, pure malice ! Les Parisiens sont des enfants espiègles et rageurs ; M. Haussmann les a agacés ; ils se vengent en consacrant les choix qu'ils considèrent comme les plus désagréables au gouvernement. Vous croyez qu'ils montrent les dents au pouvoir ? Erreur ! Ils se contentent de lui tirer la langue. »

Les auteurs de cette explication nous semblent donner dans le travers qu'ils reprochent aux Parisiens. On peut croire qu'ils sont eux-mêmes aigris, mécontents, vexés jusqu'à perdre le sang-froid nécessaire à l'observation.

Voyons ! Sérieusement ! Est-il admissible que l'immense majorité des électeurs parisiens se soient entendus pour ne faire qu'une malice ? Qu'ils aient délibéré pendant un mois dans les réunions et les comités pour aboutir à un acte enfantin, espiègle, dénué de tout sens politique ?

On doit mettre plus de réserve dans ses jugements lorsqu'il s'agit d'apprécier l'œuvre de la première ville de France, de ce Paris où se concentrent, de l'aveu même des mécontents, des ressources inouïes d'intelligence, de savoir et de force puisées dans le pays tout entier. Quand un premier regard jeté sur la cité-reine nous conduit à de telles conclusions, soyez certains d'avance que vous avez mal vu, et recommencez votre étude. Vous ne regretterez pas votre peine, car vous découvrirez en y regardant de plus près des idées nettes, des volontés viriles, des actes réfléchis.

IV

On a reproché au parti de la revendication de se montrer hostile à l'idée monarchique, ou tout au moins de n'en pas tenir compte, d'aller droit devant lui sans plus se soucier des intérêts dynastiques que s'il se développait dans un État républicain.

Ce fait est vrai, et il n'a rien qui doive surprendre dans un pays comme le nôtre où l'idée monarchique a depuis longtemps perdu son prestige.

Du jour où la souveraineté du peuple a été définitivement proclamée en France, la souveraineté du prince a cessé d'exister. La couronne ne brille plus par elle-même ; elle emprunte tout son éclat à la volonté nationale ; elle ne transmet qu'une lumière réfléchie dont le peuple est le foyer ; si le foyer se déplace, tout rayonnement s'éteint.

Or, la volonté nationale est libre, la souveraineté est inaliénable et imprescriptible. La génération qui l'a exercée la transmet intacte à la génération qui la suit, et celle-ci a le droit de l'exercer autrement que sa devancière.

L'idée monarchique perd donc, par son seul rapprochement avec le principe de la souveraineté nationale, le caractère fixe, immuable, qui est une des conditions de son prestige. L'esprit humain n'est réellement dominé, subjugué que par les principes qu'il croit éternels. Toute institution politique qui ne dérive pas de ces principes le laisse froid, indifférent, sceptique ; il la traite volontiers d'expédient, il l'accepte sans conviction pour se donner le temps de trouver mieux.

Pourquoi les principes de 1789 sont-ils invoqués aujourd'hui avec autant d'ardeur qu'il y a quatre-vingts ans ? Parce que nous les croyons éternellement vrais ; parce que la liberté individuelle, la liberté de conscience, le droit de penser, d'écrire, de se réunir et de s'associer nous semblent l'apanage nécessaire des hommes vivant en société. Ces droits ont un caractère éternel, immuable.

Pourquoi l'idée monarchique perd-elle chaque jour du terrain ? Parce que ces caractères lui manquent.

Interrogez les partisans les plus convaincus de la forme monarchique ; demandez-leur s'ils conçoivent pour la personne du prince cette déférence filiale, ce dévouement à toute épreuve, cette tendresse respectueuse, cette vénération quasi religieuse que nos aïeux avaient pour leurs rois. Ils vous répondront que ces sentiments sont passés de mode : une popularité plus ou moins fragile, une association d'intérêts facile à déconcerter dans les temps de crise, l'amour du *statu quo*, la crainte de l'inconnu, la force matérielle, voilà ce qui soutient aujourd'hui les trônes.

Ceux qui se croient ouvriers du progrès, ceux qui travaillent pour l'Idée, ont le droit de n'en pas tenir compte.

V

Paris n'en a pas tenu compte, cela est incontestable. Paris a fait des élections républicaines.

Persuadé que le pouvoir personnel ne peut ni ne veut résoudre les problèmes politiques et sociaux dont il exige la solution, il l'a retranché purement et simplement de son programme.

Il a écarté d'un revers de main tous les hommes qui se présentaient à lui comme les amis ou les conseillers du prince ; il a tourné contre eux des majorités si énormes que les voix recueillies par ces candidats dans les diverses circonscriptions représentent à peine le chiffre total des fonctionnaires et des agents de toute sorte que le gouvernement entretient dans Paris.

Il a fait plus : il a exécuté sans pitié des hommes qu'il avait acclamés il y a six ans, par cela seul qu'ils avaient prétendu travailler à la fois pour la dynastie et pour la liberté. Il a humilié M. Émile Ollivier parce qu'il était allé aux Tuileries, et M. Guéroult parce qu'il hantait le Palais-Royal.

Ce n'est pas tout encore. Non-seulement Paris repousse avec colère les transactions louches, les capitulations qui déshonorent et les amitiés qui compromettent ; non-seulement il veut que son programme reste intact en dépit des concessions partielles que l'instinct de conservation peut inspirer au pouvoir, mais encore il se prononce énergiquement sur la forme à donner à ses réclamations dans l'enceinte législative. Il veut que ses représentants apportent au pouvoir d'impérieuses sommations et non de respectueuses doléances ; qu'ils revendiquent la liberté au lieu de la solliciter.

Il exige de ses mandataires une attitude ferme, résolue, inflexible. Pas de ménagements oratoires ! pas de vaines politesses ! pas de tournois à armes courtoises! Lutte serrée, étreinte nerveuse, coups qui tombent dru et font mal, voilà ce qu'il recommande à ses champions.

De là l'échec de M. Carnot, et l'insuccès relatif de MM. Jules Favre et Garnier-Pagès.

La démocratie n'avait aucun grief décisif contre ces fidèles et vaillants serviteurs. Elle ne leur reprochait ni lâches défections, ni votes serviles, ni transactions complaisantes. Elle savait que M. Jules Favre était depuis deux ans sur la brèche, joutant quelquefois, mais ne faiblissant jamais; que M. Garnier-Pagès se démenait de son mieux dans sa vieille armure et frappait souvent de bons coups; que M. Carnot mourrait silencieusement comme il avait vécu plutôt que de se rendre.

Mais elle leur reprochait d'avoir trop peu fait au gré de l'impatience publique. Elle saluait en eux les éducateurs du suffrage universel, mais elle ne les adoptait pas d'emblée comme ses champions, dans la crainte que la nouvelle législature ne ressemblât à son aînée et ne fût plus féconde en belles passes d'armes qu'en vifs assauts et en chocs décisifs.

<h1 style="text-align:center">VI</h1>

« Mais, disent les conservateurs effarés, quel est donc ce mystérieux programme que le parti de la *Revendication* soutient avec tant d'âpreté et impose si rudement à ceux qui doivent le représenter? Ce que veulent les *irréconciliables*, les *radicaux*, toutes ces sectes nouvelles dont les noms sont farouches, n'est-ce pas l'anarchie, le communisme, le règne du spectre rouge et des partageux? »

Non! bonnes gens, rassurez-vous! Et tâchez d'abord de vous renseigner un peu mieux sur ce qui vous effraye si fort. En vérité, vous êtes moins à plaindre qu'à blâmer. Il ne dépendait que de vous de savoir ce que veut le parti de la *Revendication*. Il vous suffisait pour cela de le voir délibérer et agir pendant les dernières semaines qui ont précédé les élections. Il ne conspirait pas; il s'affirmait publiquement dans les assemblées populaires. Pourquoi n'avez-vous pas suivi ces assemblées et recueilli ce qui s'y disait? Vous en sauriez plus long maintenant et vous ne seriez pas exposés à prendre le Pirée pour un homme et Gambetta pour Babœuf. Mais non, vous aviez peur de la foule et du bruit; vous étiez plus à l'aise chez vous. Vous trouviez plus simple d'adapter de vieilles formules à des choses nouvelles. Le procédé est commode; la paresse humaine y trouve son compte, mais non la justice. En 1848 on parlait de 1793; en 1869 on parle de 1848, c'est tout simple. Sous prétexte qu'on a expérimenté le passé on se dispense d'étudier le présent. On se dit: « Je sais tant bien que mal ce qui s'est fait il y a vingt ans; je n'ai pas besoin d'apprendre ce qui se passe aujourd'hui: de parti pris, sans examen, sans étude je le jugerai de la même manière. »

C'est une mauvaise méthode. C'est même une méthode coupable, car on s'expose, en la pratiquant, à commettre de graves injustices, à méconnaître les progrès réalisés par l'esprit public, à perpétuer des malentendus, des hostilités irréfléchies, des terreurs saugrenues et à disputer sur des mots lorsque l'on croit discuter des idées.

VII

Le parti de la *Revendication* ne fait pas mystère de son programme. Il proclame tout haut ses idées sur les droits individuels, les réformes politiques et les problèmes trop longtemps négligés que soulève la question sociale.

Sur beaucoup de points, les hommes de 1869 sont d'accord avec ceux de 1789.

Les droits individuels qu'ils revendiquent sont ceux que l'Assemblée constituante inscrivait, il y a quatre-vingts ans, dans la *Déclaration des droits de l'homme*.

Le rapprochement est saisissant! Je relisais, il y a quelques mois, ces admirables séances de la Constituante où la *Déclaration des Droits* était votée, ou plutôt acclamée article par article, où les Mirabeau, les Barnave, les Duport revendiquaient tour à tour « les droits imprescriptibles de l'homme et du citoyen, » aux applaudissements de la grande Assemblée et du peuple qui pressait les portes et étreignait les murailles.

Peu après, je me trouvais dans une assemblée populaire. La salle était basse et fumeuse, l'auditoire debout, serré, gêné. On était mal, on ne le sentait pas. Un orateur, un inconnu, était à la tribune, il parlait de la liberté individuelle, de l'association, de la presse. Il disait les mêmes choses que les hommes de 89, revendiquait les mêmes droits, évoquait les mêmes principes. Et tous ceux qui étaient là écoutaient; ils étaient deux mille, portant habit ou blouse, fraternellement mêlés, applaudissant et confondant leurs voix en bravos unanimes.

Si donc vous voulez connaître les idées du parti de la *Revendication* sur les droits individuels, prenez la *Déclaration des droits de l'homme*, relisez ces principes de 1789 que l'on a tant oubliés depuis que la Constitution de 1852 s'est permis de les invoquer !

C'est là que vous trouverez la véritable formule des droits individuels que Paris réclame en 1869.

Liberté individuelle : « *Nul homme ne peut être accusé, arrêté ni détenu que dans les cas déterminés par la loi et selon les formes qu'elle a prescrites. Ceux qui sollicitent, expédient, exécutent ou font exécuter des ordres arbitraires doivent être punis.* » (Déclaration, article 7.)

Plus d'incarcérations arbitraires, d'arrestations sans mandat opérées par des hommes de police irresponsables, confirmées sur leur seul témoignage par un magistrat qui instruit l'affaire à huis clos, et rendues définitives par un tribunal correctionnel qui la juge sans l'assistance d'un jury.—Plus d'article 75 de la Constitution de l'an VIII, instrument d'illégalité et d'oppression, mis aux mains des rois par Richelieu et Colbert, brisé par la Constituante et ressaisi par le premier Consul au lendemain du 18 brumaire. — Plus de visites domiciliaires et de perquisitions dans les boîtes aux lettres opérées sans mandat de justice sur un signe de la police; plus de consigne substituée à la loi!

Liberté de la presse; droit de réunion et d'association : « *La libre communication des pensées et des opinions est un des droits les plus précieux de l'homme : tout citoyen peut donc parler, écrire, imprimer libre-*

ment, sauf à répondre de l'abus de cette liberté dans les cas prévus par la loi. » (Déclaration, article 11.)

D'accord avec les hommes de 89, le parti de la Revendication ne veut pas que le droit naturel à l'homme de publier sa pensée et de délibérer avec ses semblables soit supprimé ou entravé par le bon plaisir des fonctionnaires ou la rapacité du fisc.

Le timbre qui grève les écrits traitant de matières politiques est un impôt mis sur la parole et sur la pensée. Impôt énorme, qui enlève à la presse 100 pour 100 de ses produits, rehausse le prix du journal, empêche le pauvre d'écrire, et souvent même l'empêche de lire ce que d'autres ont écrit.

Le cautionnement rend la création d'un journal impossible au sein des classes peu fortunées. Comment voulez-vous que des travailleurs privés du concours des capitalistes trouvent trente ou cinquante mille francs à déposer au Trésor avant de publier un journal? Le cautionnement est une institution antidémocratique. Il a été inauguré en 1819, sur la proposition de M. de Chateaubriand, qui regardait la publication d'un journal comme l'exercice d'un droit politique et trouvait tout naturel que le journaliste fût soumis à une sorte de *cens* comme l'électeur et l'éligible. L'idée fit fortune, et Royer-Collard l'appuya en disant : « Un journal est une influence et appelle une garantie, or, *la garantie politique ne se rencontre d'après la Charte que dans une certaine situation sociale déterminée par la propriété ou par ses équivalents.* Voila le principe du cautionnement. »

Le parti de la Revendication proteste, au nom du suffrage universel, contre cette application surannée du régime censitaire et de la Charte de 1814.

Il proteste contre les entraves mises à la diffusion des écrits par le monopole des libraires à brevet et l'omnipotence de la police en matière de colportage et de vente sur la voie publique.

Il proteste contre ces lois d'expédient où sont entassés pêle-mêle vingt-cinq ou trente délits de presse, plus vagues, plus mal définis, plus insaisissables les uns que les autres, lois qui frappent sans avertir, intimident sans éclairer, et mettent chaque jour à la discrétion du pouvoir la liberté et la bourse de l'écrivain qui lui déplaît.

Il proteste enfin contre la juridiction des tribunaux correctionnels où siègent, à huis clos, des magistrats nommés par le pouvoir, choisis parmi ses plus chauds partisans, et donnés pour juges à la presse par ceux-là même qui la poursuivent.

Le droit de réunion n'est pas moins sacré que la liberté de la presse. Écrire ou parler, se faire lire ou se faire écouter, c'est tout un. La presse est la parole écrite : l'une et l'autre sont la manifestation extérieure de la pensée. Seulement, la discussion imprimée coûte cher et la discussion orale ne coûte rien. Le droit de réunion c'est la presse du pauvre : il doit être librement exercé dans une société démocratique.

Le droit d'association dérive du même principe, et se déduit aussi sûrement de la nature de l'être humain. Le droit d'association n'a pas été inventé par les politiques, il a été constaté par les philosophes : la grande école du dix-huitième siècle en étudiant les facultés de l'homme, révélait en même temps ses droits, car tout être intelligent et libre a le droit d'user des facultés que la nature lui a départies, à condition de respecter le même droit chez ses semblables.

S'associer, délibérer et agir en commun, c'est une forme naturelle, nécessaire, et par conséquent légitime de l'activité humaine. Toute association dont l'objet est licite, toute concentration de forces qui n'est pas dirigée contre les droits d'autrui doit être libre, quel que soit le nombre des associés. Ce droit est surtout précieux au travailleur, à celui qui n'a pas eu le bonheur de trouver près de lui en venant au monde un capital, c'est-à-dire une somme de travail amassée d'avance, et mise en réserve à son profit. Pour constituer cette réserve, qui seule peut féconder le travail, l'ouvrier isolé ne peut rien : l'ouvrier associé peut au contraire atteindre les plus merveilleux résultats.

Telles sont, en résumé, les idées émises sur les droits individuels dans les réunions où les électeurs parisiens et les candidats discutaient leur programme et rédigeaient leurs *cahiers*.

Le parti de la Revendication a donc sur ce point des idées très-nettes et très-radicales : ces idées sont celles que proclamait la Constituante dans la *Déclaration des droits de l'homme*. Elles n'ont point encore été appliquées dans notre pays. On demande résolûment qu'elles le soient.

Espère-t-on qu'elles le seront par les soins du régime actuel ? — En aucune façon : On sait parfaitement que le gouvernement personnel s'inspire avant tout d'intérêts individuels qui prennent le nom pompeux d'intérêts dynastiques et qui sont très-difficiles à concilier avec ces sortes de restitutions. On ne compte pas sur lui, on le dit très-haut, très-franchement ; et comme on tient beaucoup moins à lui qu'aux droits que l'on réclame, on passe outre et l'on recherche quelles sont les réformes politiques qui garantiraient le mieux la possession des droits revendiqués.

VIII

Au moment d'exposer cette partie du programme adopté à Paris et dans les plus grandes villes de France, le lecteur comprend quelle réserve m'est imposée par les lois libérales qui nous régissent. Le Sénat a décrété une amende de 500 à 10 000 fr. contre quiconque discuterait la Constitution dans un ouvrage de moins de dix feuilles d'impression. Ma brochure n'ayant qu'une seule feuille, je serais un délinquant de la pire espèce si je me permettais de résumer ici ce que j'aurais le droit de développer dans un in-octavo de cent soixante pages. Je vois d'ici le censeur qui a taillé son crayon rouge et qui me guette depuis mon premier alinéa ; il se réjouit d'avance de m'arrêter tout net au point où je suis arrivé, et de me précipiter dans la géhenne à grands coups de sénatus-consulte.

Comme je tiens essentiellement à lui refuser cette satisfaction, vous trouverez bon que je couvre d'un voile discret les lignes qui devraient suivre.

. . . . étranglée au 2 décembre. . . .
. . . . . . Assemblée . . . amendement Grévy . . . .
. . . . gouvernement républicain.
Les officieux l'ont reconnu lorsqu'ils se sont aussitôt écrié : Paris
a fait des élections démagogiques, ce qui veut dire tout simplement dans le style de ces messieurs : des élections à tendance
républicaine.

Il est d'usage d'invoquer à ce propos les souvenirs d'il y a vingt
et un ans, et de couper court à toute explication par cette affirmation péremptoire : — Vous voulez recommencer 1848, recommencer le 15 mai, les journées de juin, l'anarchie ; la malheureuse expérience à laquelle le 2 décembre a mis fin ne vous suffit-elle
donc pas? »

Nous répondrons d'abord qu'on ne recommence rien ici-bas, et
qu'il faut absolument, lorsqu'on prétend juger une époque, étudier celle-là et non une autre.

Le parti de la Revendication de 1869 diffère profondément du
parti républicain de 1848. Il ne se dissimule pas l'échec de ses devanciers, il ne cherche même pas à l'attribuer exclusivement aux
trahisons de quelques mauvais citoyens. Il reconnaît très-franchement que les hommes de 1848 ont commis de grandes fautes
et laissé d'énormes lacunes dans leur programme. Mais ils pensent
que ces fautes pourraient être évitées à l'avenir, et ils comblent dès
à présent ces lacunes.

Le Gouvernement provisoire et la Constituante avaient eu le tort
d'instituer un gouvernement démocratique en laissant subsister
tous les organes du pouvoir personnel. Il avait respecté la machine
et s'était contenté de jeter à bas le mécanicien. Il suffisait qu'un
homme résolu, aidé de quelques complices, sautât un jour sur le
maître-levier pour que tout se remît en branle ainsi que par le
passé.

Notre organisation administrative et militaire est telle que l'im-
pulsion donnée par un homme convenablement placé est immédia-
tement propagée par deux cent mille fonctionnaires assistés de
quatre cent mille hommes armés.

A cet immense déploiement de force matérielle, deux forces mo-
rales pourraient être opposées : la conscience, la loi. Mais la conscience du plus grand nombre est encore gouvernée par le clergé ;
la loi est appliquée par la magistrature, et ces deux corps relèvent
l'un et l'autre du pouvoir exécutif, ils sont recrutés ou institués
par lui.

Toutes les forces organisées pour le service de la monarchie,
centralisation administrative, armée permanente, églises d'État,
magistrature dépendante, étaient conservées en 1848; les citoyens
restaient, comme par le passé, isolés les uns des autres, éloignés
des affaires publiques, annulés par le fonctionnarisme. La démocratie régnait et ne gouvernait pas.

IX

On a réfléchi à toutes ces choses depuis vingt ans, on a reconnu qu'un gouvernement démocratique au sommet, sans institutions démocratiques à la base, ne peut avoir aucune chance de durée, et que ces institutions mêmes ne sont possibles que si l'on rompt une bonne fois avec les traditions monarchiques que Napoléon avait pieusement dégagées des ruines de l'ancien régime.

De là le programme des *destructions nécessaires* dont M. Jules Ferry, l'un des élus de la *revendication*, a nettement donné la formule, mais dont l'idée appartient au parti tout entier.

Quelques publicistes de mauvaise foi se sont ici rencontrés avec d'honnêtes ignorants pour dénaturer cette formule et lui faire dire ce qu'elle ne dit pas. Ils ont présenté les partisans des destructions nécessaires comme des niveleurs acharnés à détruire et incapables de rien fonder

Nous ne répondrons rien à ceux qui falsifient sciemment cette partie du programme démocratique : ils sont de ceux qui se fâchent d'autant plus fort que leurs torts leur sont mieux démontrés, et nous n'avons pas de temps à perdre avec eux.

Quant aux hommes de bonne foi qui se laissent naïvement tromper pour s'épargner la peine de s'instruire, voici ce que nous leur répondrons.

La démocratie juge nécessaire de réformer quatre institutions qui blessent ses principes et menacent sa sécurité.

Elle veut détruire la centralisation administrative, parce qu'elle croit juste et nécessaire que les villes, les départements, les communes, toutes ces individualités collectives qui ont leurs droits et leurs intérêts propres, s'administrent elles-mêmes au moyen de mandataires élus, au lieu d'être à la discrétion d'un ministre et de ses préfets ; parce que la centralisation, telle qu'elle a été conçue par l'ancien régime et réalisée par le premier empire n'est pas un lien qui unit les municipalités mais un licol qui les étrangle ; parce qu'elle substitue une symétrie artificielle à la véritable harmonie ; parce qu'elle trouble les fonctions de la vie sociale sous prétexte de les réglementer, développe les unes outre mesure, annule les autres, congestionne le centre, paralyse les extrémités et façonne un peuple sur le type d'un hydrocéphale : tête énorme sur un corps rachitique.

La décentralisation, au contraire, c'est la vie librement développée au sein de la municipalité et de la province, c'est l'autorité locale enlevée au fonctionnaire discipliné et irresponsable et confiée à des mandataires élus ; c'est le peuple convié, sur tous les points du territoire, à la pratique de la vie publique, à l'étude et à l'expédition des affaires.

La démocratie de 1869 ne s'attribue pas, d'ailleurs, le mérite de l'invention. Elle a sous les yeux des exemples : elle les trouve non-seulement dans les États fédéraux tels que la Suisse et l'Amérique du Nord, mais encore en Belgique, en Angleterre, en Portugal, en Italie, en Prusse, en Bavière.

Elle réclame aussi la séparation de l'Église et de l'État, elle veut faire cesser, entre la société civile et la société religieuse, ces dangereuses affinités que la monarchie a toujours soigneusement entretenues et qui embarrassent l'État autant qu'elles compromettent l'Église. Cette réforme est accomplie depuis un siècle aux États-Unis ; elle s'exécute actuellement en Autriche.

La démocratie veut que l'autorité judiciaire soit une force indépendante, placée par les lois mêmes de son institution au-dessus de toute entreprise du pouvoir exécutif. Un corps de magistrature recruté par l'élection avec des conditions sévères de capacité, d'expérience et de savoir ; un jury largement associé à son œuvre, souverain dans toutes les causes criminelles et dans certaines affaires civiles où le *point de fait* est facile à dégager, telles sont les énormités que rêvent les démagogues. L'Amérique, la Suisse, la Belgique, le Portugal, l'Italie les ont rêvées et plus ou moins réalisés avant eux.

Enfin, ces mêmes démagogues qui ont déjà aboli il y a vingt ans l'échafaud politique, aspirent encore à supprimer ces abattoirs internationaux où les Napoléon ont conduit plus de deux millions de Français. Ils pensent que l'homme est mis au monde pour vivre, penser et produire, et non pour parader, tuer ou se faire tuer ; pour enrichir l'État en travaillant, et non pour le ruiner à ne rien faire et le ruiner encore plus lorsqu'il fait quelque chose.

La démocratie aime la paix : elle seule peut l'assurer : les peuples n'ont pas d'intérêt à se battre, les princes en ont à faire battre les peuples. De toutes les guerres que la France a soutenues depuis l'avénement de Napoléon Iᵉʳ, il n'en est peut-être pas une que la démocratie n'eût facilement évitée.

Il faut cependant être en état de se défendre : c'est l'affaire de la nation. Quatre-vingt mille hommes d'armée permanente formant des cadres solides, éprouvés, où tous les citoyens passeraient successivement pour s'instruire au maniement des armes et aux manœuvres essentielles, nous assureraient en peu d'années une formidable armée définitive de plus de deux millions d'hommes. Napoléon, qui s'y entendait, disait qu'une nation ainsi défendue, serait « cimentée à chaux et à sable. » Mais le pouvoir personnel n'aime pas la nation armée, il aime mieux l'armée permanente qui peut seule fournir les héros de brumaire et de décembre.

Telles sont les quatre *destructions nécessaires*, ces quatre grandes réformes administrative, militaire, religieuse et judiciaire qui doivent compléter, dans le programme des électeurs parisiens, la réforme politique proprement dite et enlever tout espoir de revanche au gouvernement personnel. Ces idées ont été formulées dans les professions de foi de tous les candidats radicaux, exposées, débattues, défendues et finalement acclamées dans les réunions électorales. Ce sont, aujourd'hui, les idées de Paris, demain, celles de la France.

<h1 style="text-align:center">X</h1>

« Mais, dit-on, ces idées ne sont pas les seules. Le socialisme réclame sa part dans la grande manifestation parisienne. Vous ne pouvez pas nier que les « passions subversives » ne se soient fait jour, que la « démagogie » chevauchant sur « l'hydre de l'anar-

chie » n'ait menacé de terribles assauts la famille et la propriété.
— Nous l'avons vue ! Elle a agité le drapeau rouge, et la *Patrie* a lu
très-distinctement sur cette loque sinistre « communauté des biens,
communauté des femmes ! »

— Avez-vous tout dit, M. Prudhomme ?

— J'oubliais les journées de juin et l'assassinat de Mgr Affre
dont la *Patrie* a également parlé.

— Réparons cet oubli. Est-ce tout, cette fois ?

— C'est bien assez !

— C'est trop et ce n'est pas assez, car vous parlez de choses
dont personne ne veut et vous oubliez celles auxquelles tout le
monde doit penser. — Vous serez donc toujours le même, ô Prudhomme ! poltron, crédule et présomptueux par-dessus le marché ?
Vous ne renoncerez donc jamais à votre détestable habitude de
faire indéfiniment resservir vos vieux jugements lorsqu'il vous
serait si nécessaire d'en construire de nouveaux pour les adapter
aux choses nouvelles ? Oui, les élections de Paris ont eu une tendance socialiste très-accentuée. Mais entendons-nous d'abord sur
la portée du mot *socialisme*. Ce mot avait un sens en 1848. Il en a
un autre aujourd'hui ; conservons-le puisque l'usage le maintient,
mais sachons ce qu'il veut dire et les changements qu'il a subis.

<h1 style="text-align:center">XI</h1>

Le socialisme de 1848 se confondait trop souvent avec le communisme. Lorsque éclata la révolution du 24 février, les doctrines
de Saint-Simon et de Fourrier étaient en grande faveur ; elles
entraînaient les esprits vers le socialisme autoritaire.

La communauté des biens, l'embrigadement des travailleurs,
l'État centralisant la production, réglementant le travail, répar-
tissant les produits entre les citoyens, telles étaient alors les idées
en crédit. Des hommes considérables les appuyaient de leur autorité ; le gouvernement provisoire lui-même leur faisait une conces-
sion partielle en créant les ateliers nationaux.

Le socialisme de 1869 s'inspire d'idées toutes différentes : on
pourrait l'appeler le *socialisme libéral* par opposition au *socialisme
autoritaire* d'autrefois. L'esprit public a fait depuis vingt ans d'im-
menses progrès. L'économie politique s'est vulgarisée ; les longues
et graves discussions soulevées dans toute la France par la question
du libre échange ont beaucoup aidé à sa diffusion ; les abus du pouvoir personnel ont rehaussé le prix de la liberté et affermi le res-
pect des droits individuels. On s'est mis en garde contre les
systèmes qui sacrifient ces droits primordiaux à des combinaisons
économiques. Sans doute il existe encore des socialistes autori-
taires ; mais soit qu'ils se produisent dans les réunions publiques
sous les auspices de M. Budaille, soit qu'ils invoquent comme
M. Hugelmann, le patronage du « prisonnier de Ham, » ils n'ont
guère d'influence sur les masses. Eux-mêmes l'ont compris :
après avoir sondé le terrain et avoir constaté dans des réunions
d'ouvriers le discrédit où sont tombées leurs doctrines, ils se sont
tenus prudemment à l'écart du mouvement électoral.

Il s'est même passé à ce propos des faits très-significatifs. Des hommes que l'on signalait, sans trop savoir pourquoi, comme les chefs du parti socialiste autoritaire, les citoyens Briosne, Lefrançais, Henricy, se sont présentés aux électeurs en arborant très-haut le drapeau de la liberté. M. Briosne a déclaré dans sa profession de foi qu'il réclamait avant tout l'abrogation de l'article 291 du Code pénal, c'est-à-dire la liberté d'association, comme instrument nécessaire du progrès économique. Peu de temps avant les élections, ces mêmes citoyens, et avec eux MM. Langlois, Longuet, Tolain, Murat, et plusieurs autres orateurs des réunions publiques, avaient pris une très-louable initiative. Par une lettre que les journaux ont reproduite, ils avaient proposé aux députés, aux commerçants, aux magistrats, aux citoyens de toutes les classes et de tous les partis d'organiser des réunions où les questions sociales seraient mises à l'étude. « Nous voulons, disaient-ils, faire cesser cette peur absurde de la question sociale, et puisque nous sommes d'accord avec vous sur ce but, nous vous offrons loyalement le moyen de l'atteindre. Nous vous invitons publiquement à venir discuter avec nous les voies et moyens de la révolution sociale. » Et ils formulaient ainsi le problème : « Indiquer un ensemble de mesures législatrices telles que la *liberté du travail et la liberté des transactions restant sauves*, l'égalité des conditions en résulte progressivement, SANS SPOLIATION NI BANQUEROUTE. » Nous voilà bien loin de Babœuf et de ses adeptes.

Est-il besoin de dire que l'élection de MM. Bancel, Gambetta, Jules Simon, Ferry et même celle de M. Raspail, qui sont, dans une certaine mesure, des élections socialistes, doivent rassurer et réjouir, bien loin de les troubler, les amis du droit et de la liberté? Il suffit de lire les professions de foi de ces députés et les comptes rendus des réunions qu'ils ont tenues pour fermer la bouche aux alarmistes intéressés qui depuis près d'un mois excitent les citoyens à se haïr, à se craindre, à se mépriser les uns les autres, parce qu'ils se proposent d'exploiter au profit de leur ambition, ces divisions, ces haines et ces terreurs.

« La démocratie est sainte et sacrée, disait M. Bancel, je suis son enfant, je serai son défenseur, *mais la démagogie n'est pas autre chose que la route tracée aux dictatures et aux despotismes.* Je ne suis ni Jacobin, ni Montagnard, ni Girondin, ni Maratiste, ni Hébertiste, mais le fils dévoué de la Révolution et l'amant de la liberté. »

« Ne craignez-vous pas, disait M. Cantagrel, — dans une circulaire adressée à certains promoteurs de sa candidature qui parlaient de socialisme sans expliquer suffisamment ce mot, — d'effrayer quelques bons esprits qui, voyant à l'œuvre le socialisme gouvernemental, peuvent se demander si nous aussi, nous ne serions pas tentés de réaliser nos idées par la violence ou à coups de décrets? Disons-leur donc qu'en même temps que nous étudions les problèmes sociaux, nous sommes des hommes politiques ; que nous avons à accomplir une œuvre politique ; que cette œuvre est la reprise de nos libertés ; *que nulle institution, soit politique, soit sociale, n'est durable et féconde que si elle est fondée par la liberté et consacrée par elle.* »

Tel est le *socialisme libéral* qui s'est affirmé dans les élections parisiennes, après avoir longtemps mûri dans les esprits. Le *socia-*

lisme autoritaire est mort. L'auteur de l'*Extinction du paupérisme* lui a porté le dernier coup.

XII

La question sociale ainsi ramenée à ses véritables termes trouble encore certaines gens : les uns parce qu'ils ont des intérêts engagés dans d'injustes monopoles que la liberté détruirait, les autres parce qu'ils sont égoïstes et durs et que la misère d'autrui leur importe fort peu, pourvu qu'ils touchent régulièrement leurs rentes ; d'autres encore parce qu'ils aiment l'immobilité pour elle-même et ont une horreur instinctive de tout progrès.

Ceux que la question sociale intéresse ont le droit de ne pas s'incliner devant ces sentiments égoïstes et mesquins ; ils ont le droit de rappeler à la bourgeoisie qu'elle a été peuple elle aussi, et qu'elle n'est arrivée au bien-être qu'au prix de grands efforts, et grâce au généreux concours des hommes de cœur de toutes les classes. Ils ont le droit de demander que l'on pense à l'ouvrier, que l'on se préoccupe de ses besoins et des moyens d'y subvenir. La démocratie parisienne n'a pas imposé à ses mandataires un programme complet de réformes sociales, elle leur a seulement demandé d'insister sur la nécessité de ces réformes et de provoquer sans retard les innovations politiques et économiques auxquelles elles sont subordonnées. La restitution des droits individuels confisqués ; la liberté de la presse, le droit de réunion et d'association ; la décentralisation administrative, la séparation de l'Église et de l'État, l'abolition des armées permanentes avec maintien des cadres nécessaires à la formation d'une armée nationale, la suppression des gros traitements et des grasses sinécures, sont des réformes politiques qui figurent en même temps dans le programme socialiste libéral.

Elles constituent aussi des réformes économiques, car elles dégrèvent le budget de moitié et permettent de réduire dans la même proportion les impôts qui pèsent lourdement sur le travailleur.

Ces impôts eux-mêmes, et surtout l'impôt indirect, doivent être revisés avec soin, de telle sorte que les consommations *nécessaires* soient affranchies de toute taxe, et que le fisc cesse de prélever sa part sur le boire et le manger.

Les ouvriers se montrent également préoccupés de leurs besoins intellectuels et moraux et ils demandent pour leurs enfants la gratuité de l'enseignement primaire et professionnel.

Tels sont les principaux points du programme *socialiste* exposé dans les réunions électorales et dans les professions de foi. La démocratie ne renonce pas à le compléter; mais tous ses efforts s'inspirent des mêmes principes de liberté, de saine économie politique; elle a le droit de se détourner avec mépris de ceux qui l'insultent et la calomnient pour s'éviter la peine de l'interroger et de la comprendre.

XIII

Le parti de la *revendication* sait donc ce qu'il veut et pourquoi il le veut. Il parle haut parce qu'il parle au nom du droit. Il marche hardiment à son but parce qu'il ne voit personne sur son chemin qui puisse l'arrêter par la force ou le ramener par la persuasion. On veut lui faire peur, il s'en rit. On lui reproche d'être irréconciliable, il s'en vante. On lui dit qu'il n'y a pas de place à la fois pour lui et pour le pouvoir personnel, il répond tranquillement : tant pis pour le pouvoir personnel !

Que les conservateurs veuillent bien y réfléchir ! Ce parti est fort parce qu'il a la foi. Demain il aura le nombre. Il tient déjà Paris, Lyon, Saint-Étienne, Marseille, Bordeaux, Nantes, etc.; le reste de la France suivra. L'avenir lui appartient.

Le pouvoir personnel est moins sûr de lui. Il hésite à faire des concessions. S'il n'en fait pas, les conservateurs mêmes le lui reprocheront; s'il en fait, la démocratie s'en servira contre lui.

Ralliés au pouvoir personnel, les conservateurs prolongeront la crise sans l'éviter; ralliés au parti de la revendication, ils en abrégeront la durée et en atténueront les effets. C'est à eux de choisir. Quant au parti de la revendication, son choix est fait : il ne cédera pas !

10737. — Imprimerie générale de Ch. Lahure, rue de Fleurus, 9, à Paris.